Schreibtrainer 4

Texte planen, schreiben, überarbeiten und präsentieren – Bildungsstandards erreichen

Erarbeitet von

Christine Berthold
Gisela Dorst
Sabine Krönert

Illustriert von

Stefanie Jeschke

Cornelsen

1 Texte planen, Schreibideen entwickeln

2 Texte schreiben

2.1 *Sachlich-kommunikatives Schreiben*

2.2 *Schreiben zu poetischen Texten*

2.3 *Schreiben zu Bildern*

Heftaufgabe Partneraufgabe Zusatzaufgabe

Ein Wetter-Erlebnis

1. Schreibe den folgenden Stichwortzettel weiter.

– Segelkurs Svea und Paul,

2. Schreibe Stichwörter zu einem eigenen Wetter-Erlebnis auf.

Hier kannst du mithilfe des Stichwortzettels eine Geschichte schreiben.

Meine Wetter-Geschichte

1. Schreibe mithilfe deines Stichwortzettels von Seite 4 deine Wetter-Geschichte auf.

* Unwetter auf dem Meer!
Schreibe einen Stichwortzettel und eine fantastische Geschichte dazu.

Till Eulenspiegel als Schneiderknecht

Ob Till Eulenspiegel wirklich gelebt hat, weiß man nicht genau. Doch gibt es viele Geschichten über ihn, die erzählen, wie er andere zum Narren gehalten hat. Besonders gern nahm er Aufträge allzu wörtlich. Davon erzählt auch die folgende Geschichte.

Einmal kam Eulenspiegel nach Berlin und suchte sich dort Arbeit bei einem Schneider.

Bald darauf saß er auf einem Werktisch und nähte. Da sagte sein Meister: „Knecht, wenn du nähst, dann näh so, dass man es nicht sieht!“ Eulenspiegel nickte, nahm Nadel und Stoff und kroch unter einen Holzbottich, der in der Ecke stand.

„Meister“, entgegnete Eulenspiegel, „Ihr habt mich geheißen: Näh, dass man es nicht sieht, so sieht mich niemand.“

Der Schneider sagte: „Nein, mein lieber Knecht, hör auf! Näh nicht mehr so, sondern so, dass man dich sehen kann.“ Till setzte sich wieder auf den Werktisch und nähte fleißig.

Der Meister wunderte sich sehr über Tills Verhalten und sprach: „Was du tust, ist eine sonderbare Näherei.“

Am dritten Tag abends wurde der Schneidermeister müde und wollte zu Bett gehen. Doch vorher warf er Eulenspiegel eine angefangene Stoffjacke zu.

Und der Meister zeigte auf die Jacke und befahl seinem Knecht mit strengem Blick: „Mach erst den **Wolf** zurecht und geh danach zu Bett!“

1. Lies alle Teile der Geschichte.
   Tipp: „Wolf“ nannte man früher eine längere Jacke aus grauem, grobem Tuch.
2. Verbinde die Textteile mit einem roten Stift in der richtigen Reihenfolge.

Eine Leerstelle im Text füllen

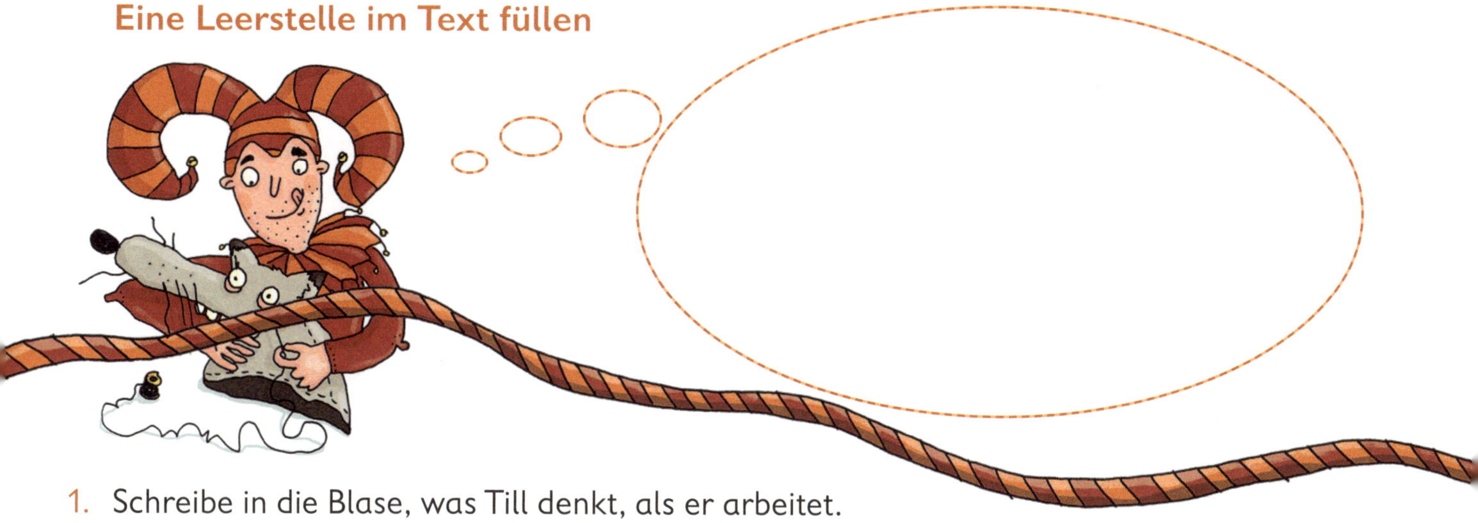

1. Schreibe in die Blase, was Till denkt, als er arbeitet.
2. Schreibe auf, was am nächsten Morgen passiert, als sich der Meister und Till begegnen.

Am nächsten Morgen kam der Meister

* Schreibe einen möglichen Schluss der Geschichte.

Hier lernst du, Ideen mit einem Cluster zu sammeln und zu ordnen.

Ideen mit einem Cluster ordnen

1. Lies die Ideen im Cluster (Ideennetz).
2. Verbinde Ideen, die besonders gut zusammenpassen, mit verschiedenen Farben zu Ideensträngen. Schreibe eigene Ideen in die leeren Blasen.

Hier schreibst du zu einem Ideenstrang eines Clusters eine Geschichte.

Ein unheimliches Erlebnis

1. Entscheide dich für einen Ideenstrang des Clusters auf der linken Seite. Schreibe dann zu diesem Ideenstrang eine Geschichte.

* Erstelle ein Cluster zu einem anderen Thema, z. B. Sommerferien oder Schwimmbad, und schreibe dazu eine Geschichte.

Ideen in einer Mindmap ordnen

Eine Mindmap ist eine Gedanken-Landkarte.
Mit dieser kannst du Informationen und Ideen für das spätere Schreiben ordnen.

So geht's:

1. Schreibe ein Thema, zu dem du dir Gedanken machen willst, in die Mitte eines leeren Blattes und kreise es ein.
2. Überlege dir einzelne Unterthemen, die zum großen Thema passen, und ordne sie wie Hauptäste.
3. Notiere zu jedem großen Ast passende Informationen und Einfälle als Nebenäste.

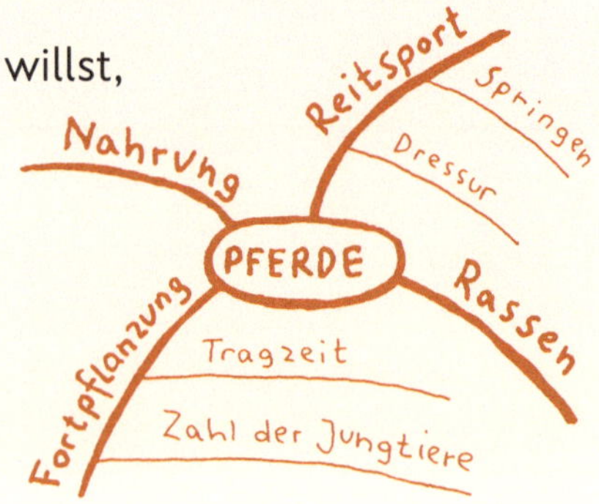

1. Tim möchte einen Text über Berggorillas schreiben. Lies die Informationen, die er zu diesem Thema bereits hat, und gib ihnen passende Überschriften.

Die Männchen der Berggorillas können bis zu 275 kg schwer und 1,70 m groß werden. Die Weibchen wiegen dagegen nur etwa 90 kg bei einer Größe von 1,50 m. Das Fell ist zunächst glänzend schwarz, im Alter wird es silbrig-grau.

Gorillaweibchen bekommen etwa alle vier Jahre ein Junges. Die Schwangerschaft dauert 37 Wochen. Die Gorillakinder können nach ungefähr 8 Monaten laufen und werden drei Jahre von ihren Müttern gestillt.

- Vegetarier
- 15–20 kg Futter am Tag
- 100 verschiedene Pflanzen
- fressen Blätter, Mark und Stängel von Kräutern und Stauden

Gorillas sind leider sehr stark vom Aussterben bedroht. Wilderer töten Tiere, um ihr Fleisch zu verkaufen.
Außerdem wird der Lebensraum der Affen immer weiter zerstört durch Abholzung der Wälder, Straßenbau und Bergbau.

Hier kannst du eine Mindmap zum Thema Berggorillas erstellen.

Berggorillas

1. Erstelle mithilfe der Seite 10 eine Mindmap zum Thema Berggorillas.
   Hier ist der Anfang bereits gemacht.
   Überlege dir viele weitere Äste.

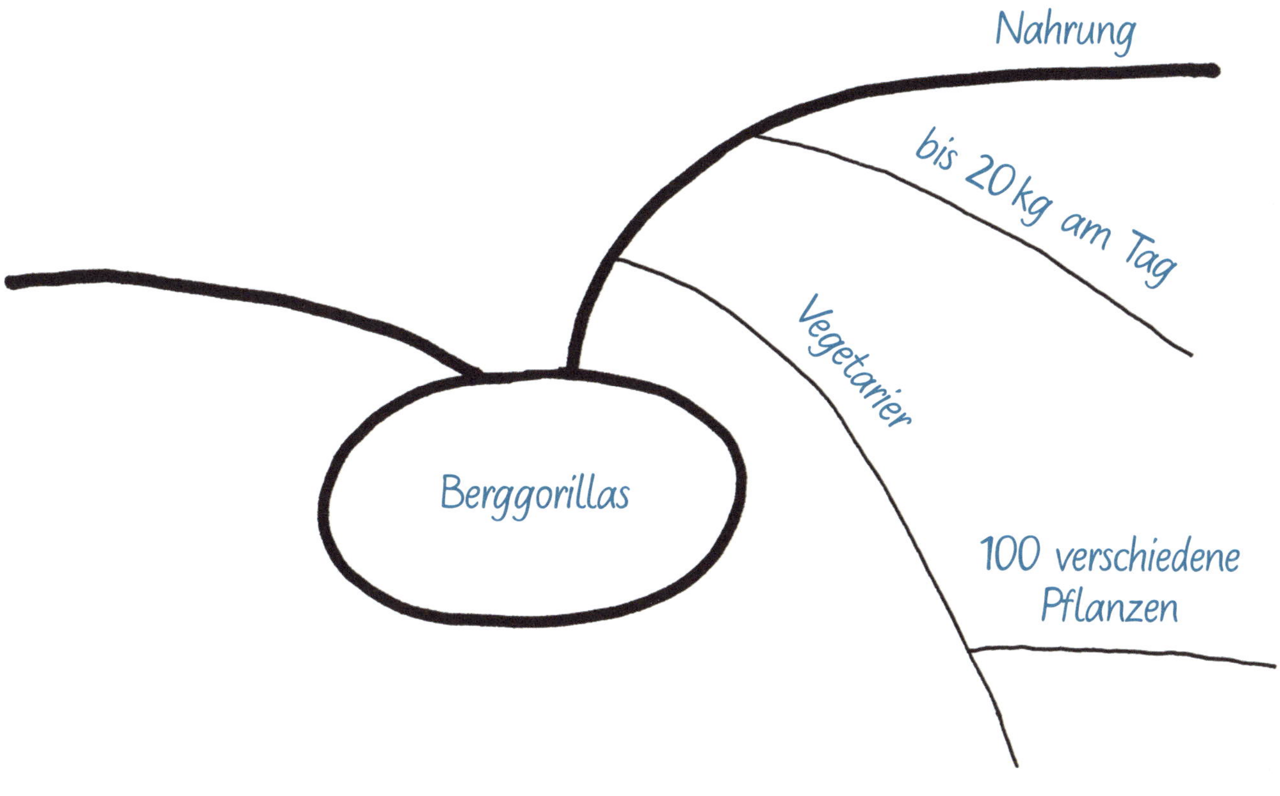

✲ Schreibe zu dieser Mindmap einen informierenden Text. ODER:
Erstelle eine Mindmap zu einem anderen Thema, z. B. Feuer, Ritter oder Fußball.

So schätze ich mich ein

Das ist mir sehr gut gelungen!

Das ist mir einigermaßen gut gelungen!

Das muss ich noch üben!

Ich kann Stichwörter zu Erlebnissen aufschreiben.

Ich kann den „roten Faden“ einer Geschichte erkennen und eine offene Stelle in der Geschichte mit eigenen Ideen füllen.

Ich kann einen Dialog weiterschreiben.

Ich kann eine interessante Geschichte schreiben.

Ich kann Informationen in einer Mindmap ordnen.

Ich kann zu einem Ideenstrang eines Clusters eine Geschichte schreiben.

Ich kann Ideenstränge in einem Cluster verbinden und weitere Begriffe ergänzen.

1. Wie sind dir die einzelnen Aufgaben gelungen?
   Male die Blasen in den passenden Farben an.
2. Ergänze das folgende Cluster und markiere Ideenstränge farbig.

erworbene Schreibkompetenzen reflektieren, ein Cluster ergänzen und Ideenstränge markieren

Eine Tier-Geschichte schreiben

1. Schreibe einige Stichwörter zu einem besonderen Tier-Erlebnis auf.

2. Schreibe mithilfe des Stichwortzettels eine Tier-Geschichte auf.

Hier kannst du lernen, wie man einen offiziellen Brief schreibt.

Ein offizieller Brief hat einen bestimmten Aufbau

In diesem Jahr sollen keine Ferienspiele stattfinden.
Deshalb will sich die Klasse 4 schriftlich beschweren.

1. Kreuze an, wie man in einem offiziellen Brief schreiben sollte.

- ☐ Lisa, Theo und Mia der Klasse 4
- ☐ Grundschule am Park, Klasse 4
Parkstraße 76
29364 Langlingen

- ☐ An unseren Bürgermeister Meier
- ☐ Stadtverwaltung Langlingen
Herrn Bürgermeister Meier
Am Stadtgraben 90
29364 Langlingen

- ☐ Sehr geehrter Herr Bürgermeister,
- ☐ Hallo, Herr Bürgermeister,

- ☐ wir haben gehört, dass in diesem Sommer leider keine Ferienspiele stattfinden sollen. Können Sie uns bitte die Gründe dafür erklären?
- ☐ wir haben gehört, dass in diesem Sommer keine Ferienspiele stattfinden sollen. Das finden wir unmöglich! Immer sind wir Kinder die Dummen!

- ☐ Am nächsten Mittwoch kommen wir zu Ihnen und möchten eine Erklärung.
- ☐ Wir freuen uns auf eine Antwort von Ihnen und bedanken uns schon heute.

- ☐ Mit freundlichen Grüßen
- ☐ Tschüss und bis dann!

2. Nummeriere die folgenden Punkte und schreibe sie oben an die richtige Stelle.

- ☐ freundliche Schlussformel
- ☐ vollständige Adresse des Absenders
- ☐ vollständige Adresse des Empfängers
- ☐ höfliche Anrede
- ☐ Dank
- ☐ Anliegen (was ich will)

Hier kannst du den Brief an den Bürgermeister schreiben.

Ein offizieller Brief an den Bürgermeister

1. Schreibe den Brief an den Bürgermeister. Du kannst Formulierungen der Seite **14** oder eigene verwenden.

* Schreibe einen Brief an den BUND für Umwelt und Naturschutz und bitte darin um Informationsmaterial zum Thema Obstwiesen. Suche dir die Anschrift im Internet.

Interview nach einem Unfall

In der Kunststunde ist ein Kind verletzt worden. Der Klassenlehrer, Herr Manz, hat die Klasse dazu befragt und viele einzelne Antworten bekommen.

1. Lies die Äußerungen der Kinder und streiche die beiden Sprechblasen, die Unwichtiges enthalten.
2. Welche W-Fragen hat Herr Manz gestellt, um Informationen zu erhalten?
   Schreibe zu den wichtigen Sprechblasen jeweils eine W-Frage auf.

Fragen an die neue Rektorin

Die Grundschule am Seeweg hat eine neue Rektorin, Frau Zille, die von den Kindern interviewt werden soll.

1. Überlegt, zu welchen Themen man Frau Zille befragen könnte.
2. Schreibe möglichst interessante Interviewfragen auf.
   Tipp: Langweilig sind oft Fragen, auf die man ja oder nein antworten kann.

* Schreibe mit den Informationen, die du auf Seite 16 über den Unfall erhältst, einen Artikel für die Schülerzeitung.
ODER: Denke dir einen informativen Artikel über Frau Zille aus.
Suche auch eine gute Überschrift (Schlagzeile).

Das musst du bei einem Bericht beachten

Überlege genau, über welches Ereignis du berichten möchtest.

Informiere sachlich und genau. Gedanken und Gefühle gehören nicht in einen Bericht.

Gib an, was, wann, wo geschah und wer beteiligt war.

Schreibe im Präteritum (in der Vergangenheit).

Finde eine gute Überschrift, die neugierig auf deinen Bericht macht.

Verdeutliche die zeitliche Reihenfolge der Ereignisse z.B. durch folgende Satzanfänge: zunächst, nach einigen Minuten, sofort, später, kurz danach, nach einigen Stunden, plötzlich, zum Schluss.

1. Lies die Hinweise in den Puzzleteilen. Markiere wichtige Wörter oder Wortgruppen.
2. Lies den Bericht im Kasten und streiche die drei Sätze, die nicht in einen Bericht passen.

Ein Besuch in der Flötenwerkstatt

Kurz vor den Osterferien unternahmen wir mit unserer Flöten-AG einen Ausflug zur „Erlebniswelt Blockflöte“ der Firma Mollenhauer. Auf dem Hinweg mussten wir an drei roten Ampeln anhalten. Zunächst sahen wir im Holzlager die verschiedenen Holzsorten, aus denen die Flöten gebaut werden. Ich finde das Olivenholz am schönsten. Dann sahen wir, wie die Holzstücke in ein Wachsbad gelegt wurden, damit sie später beim Spielen nicht aufquellen. Nun wurden die Holzblöcke in zwei Teile zersägt. Diese beiden Teile wurden anschließend mit einer Maschine ausgehöhlt. Einzelne Arbeiterinnen und Arbeiter bohrten die Tonlöcher und bearbeiteten die Mundstücke. Zum Schluss durften wir auch einmal einige Flöten ausprobieren. So eine Altflöte aus Birnbaumholz wünsche ich mir auf jedem Fall zum Geburtstag.

3. Schreibe den gekürzten Bericht in dein Heft.

Hier kannst du zu Bildern einen Bericht für die Schülerzeitung verfassen.

Ein Bericht für die Schülerzeitung

1. Schreibe über den dargestellten Unfall einen Bericht für die Schülerzeitung. Beachte die Hinweise oben auf der Seite 18!

✲ Schreibe einen Bericht über ein eigenes Thema, z. B. eine Klassenfahrt.

Ein Musikinstrument basteln

Materialliste für eine Rassel:

- eine Astgabel
- 5 Kronkorken
- ein Stück Draht
- ein größerer Nagel
- ein Handbohrer
- ein Hammer

1. Schau dir die Bilder an und nummeriere sie in der richtigen Reihenfolge.
   Tipp: Für den Anfang gibt es zwei sinnvolle Möglichkeiten.
2. Schreibe zu den einzelnen Arbeitsschritten Stichwörter auf.

Hier schreibst du eine Bauanleitung für eine Rassel.

Eine Bauanleitung schreiben

1. Schreibe die Bauanleitung von Seite 20 Schritt für Schritt auf. Die Bilder und deine Stichwörter helfen dir dabei.

1. Zuerst bohre ich mit

✲ Schreibe eine andere Bauanleitung Schritt für Schritt auf und zeichne Bilder zu den einzelnen Arbeitsschritten.

Hier lernst du, Argumente zu sortieren und in Stichwörtern zusammenzufassen.

Handys schon für Grundschulkinder?

1. Lies dir die Meinungen in den Sprechblasen genau durch.
2. Schreibe die Aussagen in Stichwörtern in die Tabelle.

Für Handys → Pro	Gegen Handys → Kontra
– man kann jederzeit Hilfe holen	– teuer für die Eltern

3. Ergänze eigene Argumente in der Tabelle.

Hier lernst du, deine Meinung mit Argumenten zu begründen.

Brauchen Grundschulkinder schon ein Handy?

1. Schreibe deine Meinung als Text auf.
   Verwende dazu die Argumente von Seite 22.

Ich bin der Meinung, dass …

Man sollte auch daran denken, dass …

Wichtig finde ich auch …

* Wähle ein anderes Thema aus und schreibe Pro- und Kontra-Argumente dazu in Stichworten in einer Tabelle auf, z. B. zu:
Gemeinsamer oder getrennter Unterricht für Mädchen und Jungen?
ODER: Sollen Noten in der Grundschule abgeschafft werden?

So schätze ich mich ein

1. Wie sind dir die verschiedenen Aufgaben in diesem Kapitel gelungen? Kreuze nach deiner Einschätzung an.

	sehr gut gelungen	gut gelungen	mittelmäßig gelungen	weniger gut gelungen	überhaupt nicht gelungen
Seite 14: Formulierungen für einen offiziellen Brief ankreuzen					
Seite 15: selbst einen offiziellen Brief schreiben					
Seite 16: W-Fragen zu Informationen stellen					
Seite 17: Interviewfragen aufschreiben					
Seite 18: Sätze herausfinden, die nicht in einen Bericht passen					
Seite 19: zu einem Unfall einen Bericht schreiben					
Seite 20: Arbeitsschritte einer Bauanleitung ordnen und Stichwörter notieren					
Seite 21: eine Bauanleitung Schritt für Schritt aufschreiben					
Seite 22: Argumente sortieren und in Stichwörtern zusammenfassen					
Seite 23: die eigene Meinung mit Argumenten begründen					

2. Welche Aufgaben hast du in diesem Kapitel besonders gern bearbeitet? Notiere Seiten und Aufgaben.

3. Welche Aufgabe war für dich in diesem Kapitel am schwierigsten? Versuche zu begründen, warum das so war.

Einen Bericht schreiben

1. Lies den Stichwortzettel, den Marie zu Lasses Unfall am Wandertag geschrieben hat.

- 2. Juni, Ausflug 4b, Klasse von Frau Krone
- Bootfahren am See, anschließend Picknick am Spielplatz
- Lasse trinkt süße Limo, lässt Flasche offen stehen
- Lasse rutscht, Wespe setzt sich an Flasche
- Lasse trinkt, Wespe sticht, geschwollene Lippe, Schmerzen, zum Arzt

2. Schreibe einen Bericht zu Maries Stichwortzettel.
Tipp: Achte darauf, dass dein Bericht Antworten auf die wichtigen W-Fragen gibt!

Wem gehört der Wald?

Ronja Räubertochter streifte durch den Wald. Sie beobachtete Birk, der vor dem Bau „ihrer" Fuchsfamilie hockte. Das machte sie wütend, denn es waren ja ihre Füchse! Sie hatte sie schon im Frühjahr beobachtet und gesehen, wie die Jungen zur Welt gekommen waren.

1. Lies das Gespräch und nummeriere die Teile in der richtigen Reihenfolge.
   Tipp: Was Ronja sagt, ist grün, was Birk sagt, ist gelb unterlegt.

☐ Erzähl mir was Neues, was ich nicht besser weiß als du. Sonst halt lieber den Mund!

☐ Ich kenne alles Getier, das hier im Wald lebt! Du musst nicht erst kommen und mir was beibringen wollen!

☐ Ich will, dass du meine Jungfüchse in Frieden lässt und aus meinem Wald verschwindest!

☐ Deine Jungfüchse! Dein Wald! Die Jungfüchse gehören nur sich allein, verstehst du das nicht? Und sie leben im Wald der Füchse. Das ist auch der Wald der Bären, der Elche und der Wildpferde. Und der Wald des Uhus und des Mäusebussards, der Wildtaube, des Kuckucks und des Habichts. Und der Wald der Schnecken und Spinnen und Ameisen.

☐ Dann weißt du also, dass es auch der Wald der Grausedruden und der Graugnomen, der Rumpelwichte und der Dunkeltrolle ist!

1 Was willst du, Räubertochter?

Astrid Lindgren

Hier kannst du einen Dialog weiterschreiben.

So könnte das Gespräch weitergehen

1. Schreibe den Dialog zwischen Ronja und Birk weiter.

Birk: ____________________

____

Ronja: ____________________

____

____

____

____

____

____

____

____

____

____

____

____

* Stell dir vor, dass Ronja und Birk sich am nächsten Tag wiedersehen. Was könnten sie zueinander sagen? Schreibe einen weiteren Dialog und stelle ihn mit einem Partner als Rollenspiel dar.

Hier kannst du aus einer anderen Sicht schreiben.

Was die Tiere über den Streit denken

1. Die Tiere des Waldes hören den Streit zwischen Ronja und Birk.
   Was könnten sie denken oder sagen?
   Tipp: Du kannst den Streit nochmals auf Seite 26 nachlesen.

Hier kannst du deine eigene Meinung aufschreiben.

Meine Meinung

Ronja dachte: Er (Birk) mochte sie nicht leiden, das merkte sie, und damit war sie durchaus zufrieden. Sollte er doch von ihr halten, was er wollte, sie wollte jetzt jedenfalls nach Hause, damit er ihr endlich aus den Augen kam.
Astrid Lindgren (aus: Ronja Räubertochter)

1. Glaubst du, dass es stimmt, was Ronja denkt?
   Schreibe deine Meinung dazu in Sätzen auf.

2. Birk und Ronja streiten darüber, wem der Wald gehört.
   Was denkst du über ihren Streit? Schreibe deine Meinung in Sätzen auf.

✲ Was könnte Ronja ihrer Mutter über den Streit mit Birk im Wald erzählen?
Schreibe einen Dialog dazu.

Hier kannst du über eine Fabel nachdenken und dazu schreiben.

Der Rabe und der Fuchs

Ein Rabe hatte einen Käse gestohlen, flog damit auf einen Baum und wollte dort seine Beute in Ruhe verzehren. Da es aber der Raben Art ist, beim Essen nicht schweigen zu können, hörte ein vorbeikommender Fuchs den Raben über dem Käse krächzen. Er lief eilig hinzu und begann, den Raben zu loben: „O, Rabe, was bist du für ein wunderbarer Vogel! Wenn dein Gesang ebenso schön ist wie dein Gefieder, dann sollte man dich zum König aller Vögel krönen!“

Dem Raben taten diese Schmeicheleien so wohl, dass er seinen Schnabel weit aufsperrte, um dem Fuchs etwas vorzusingen. Dabei entfiel ihm der Käse. Den nahm der Fuchs geschwind, fraß ihn und lachte über den törichten Raben.

nach Aesop

1. Lies die Fabel und sprich mit einem Kind darüber, welche List der Fuchs angewendet hat, um an den Käse zu kommen.

2. Was denken Fuchs und Rabe? Schreibe deine Ideen in die Denkblasen.

Fuchs und Rabe gehen nach Hause

Nachdem der Fuchs satt war, rannte er zurück in seinen Fuchsbau. „Wo kommst du her?“, fragten die anderen Füchse. „Hört mir gut zu“, antwortete der Fuchs, „ich will euch erzählen, was mir heute passiert ist.“

1. Schreibe auf, was der Fuchs über sein Erlebnis mit dem Raben erzählt.

✻ Der Rabe fliegt auch in sein Nest zurück.
Schreibe auf, was er seiner Frau erzählt.

Max wird bestohlen!

1. Wie könnte die Geschichte weitergehen? Schreibe Stichwörter mit deinen Ideen auf.

Hier bekommst du Tipps zum Schreiben eines spannenden Krimis.

Ein Krimi muss spannend sein!

Diese Tipps können dir dabei helfen, einen spannenden Krimi zu schreiben.

1. Male jeden Tipp und die passenden Textbeispiele mit derselben Farbe an.

Tipps für spannende Texte	Textbeispiele
eine Überschrift wählen, die Spannung erzeugt	– „Nein, es gibt doch kein …!“, schrie der Mann, doch man konnte ihn wegen des Lärms nicht mehr verstehen. – Da! Ein Knall!
Fragen einbauen, auf die man keine direkte Antwort erwartet	– Was war das? – Wer konnte ihm hier helfen? – Was sollten sie bloß machen?
wörtliche Rede verwenden	– Gefahr auf der Reise – Der Mann mit der Maske
spannende, bildhafte Ausdrücke verwenden	– Plötzlich … – Auf einmal … – In diesem Augenblick … – Atemlos …
Gedanken und Gefühle beschreiben	– Er war furchtbar erschreckt. – Er bekam eine Gänsehaut. – Seine Knie schlotterten. – Die Angst schnürte ihm die Kehle zu.
besondere Wörter am Satzanfang benutzen	– Sie flüsterte: „Da bewegt sich etwas!“ – „Den schnappen wir uns!“, murmelte er.
unvollständige Sätze verwenden, die Spannung erzeugen	– Er dachte: „Da stimmt etwas nicht!“ – Er fühlte sich wie in einem Film.

2. Schreibe mit deinen Ideen von Seite 32 und diesen Tipps einen vollständigen Krimi.

* Lies deinen Krimi sorgfältig. Unterstreiche Stellen, die du mit den Tipps noch verbessern kannst, und schreibe deinen Krimi überarbeitet auf.

Hier kannst du über Redensarten und ihre Bedeutung nachdenken.

Was soll das bedeuten?

ein Brett vor dem Kopf haben

jemandem auf der Nase herumtanzen

für jemanden durchs Feuer gehen

von jemandem die Nase voll haben

mit dem Kopf durch die Wand wollen

für jemanden die Kohlen aus dem Feuer holen

1. Schreibe die Sprichwörter zu den richtigen Bildern.
   Tipp: Zwei Sprichwörter passen nicht. Streiche sie durch.
2. Besprich mit einem Kind, was die Redensarten in Wirklichkeit bedeuten.

Geschichten zu Redensarten schreiben

Mia erklärt Julia die Hausaufgaben in Mathe. Sie erklärt und erklärt. Julia schaut Mia fragend an: „Wie war das noch einmal? Ich verstehe es einfach nicht!“ Da seufzt Mia und ruft: „Ich glaube, du ____________________

____

____

Peer sagt: „Ich glaube, der Timo hat mir Geld aus dem Portemonnaie gestohlen!“ „Was?“, ruft Lena ungläubig. „Wie kommst du denn darauf? Das würde Timo doch nie machen. Ich würde für ihn ____________________

____

____

1. Füge die passenden Redensarten von Seite 34 ein.
2. Wähle selbst eine Redensart und schreibe eine passende Geschichte dazu. Du kannst auf einem gesonderten Blatt auch dazu malen.

____

____

____

____

____

____

____

____

____

____

✲ Schreibe weitere Redensarten auf. Ihr könnt auch zusammen mit der ganzen Klasse eine Sammlung mit Redensarten und Sprichwörtern anlegen.

Untersuchen, wie die Profis schreiben

Die Kellerkatze

Die Kellerkatze hatte Glühaugen und war so groß wie ein Panther.
Sie saß auf dem alten Bettgestell und funkelte mich mit ihren glühenden Augen an, wenn ich zwei Flaschen Bier holen musste.
Niemand außer mir konnte sie sehen,
und doch war sie da.
Und ich fürchtete mich,
und ich wollte nie mehr in den Keller gehen,
und meine Mutter sagte, ich wäre zu faul,
bequem und faul.
„Komm doch mit!", bettelte ich.
(...)
Meine Mutter schob mich nach vorn.
„Also, wo sitzt deine Kellerkatze?", fragte sie ärgerlich.
Ich kniff die Augen zusammen.
Ich wollte gar nicht hingucken.
Ich merkte, wie meine Hände feucht wurden,
und mein Herz klopfte gegen das Summen der Umwälzpumpe.
„Da!", sagte ich und zeigte auf das alte Bettgestell. „Da sitzt sie immer!" „Nichts sitzt da!", sagte meine Mutter. „Absolut nichts!" Sie machte drei Schritte nach vorn. Die Kellerkatze fauchte.

Jutta Richter

spannende Wörter oder Wortgruppen

wörtliche Rede

Wortwiederholungen

Ausrufe und Fragen

besondere Wörter am Satzanfang

beschriebene Gedanken

1. Markiere in den passenden Farben, wodurch der Text spannend wird.
2. Unterstreiche den Satz, der dir am besten gefällt.

Spannende Stellen in einen Text einsetzen

sträubte | Nie im Leben | „Sei still“, | „Pass auf, Mama!“, | plötzlich | peitschte drohend | „Sei ganz ruhig, | schrie auf

Es gab | Es gab | Es gab | Aber das stimmte nicht.

__________________________ wollte ich rufen, aber es kam kein Ton über meine Lippen. Ich war wie gelähmt, stumm vor Entsetzen.

Die Kellerkatze ______________ das Fell. Sie sah ______________ doppelt so groß aus. Ein Panther war ein Schoßkätzchen gegen sie. Sie machte einen Buckel. Ihr Schwanz __________________________ hin und her.
Meine Mutter stand jetzt genau vor ihr und wollte mit der Hand auf das Bettgestell klopfen. Sie hätte die Kellerkatze geschlagen, wenn es nicht plötzlich „pitsch“ gemacht hätte, und dann war es stockfinster. Ich ______________, weil ich fürchtete, die Kellerkatze würde meine Mutter anspringen. Dann wäre alles zu spät gewesen. ____________________ hätte ich meiner Mutter helfen können. Ich war ja nur ein Kind. ______________ sagte Mama und nahm meine Hand. ____________________ das war nur die Sicherung! Du bist wirklich ein kleiner Angsthase“, sagte sie und drückte mich. „Es gibt keine Kellerkatzen und es wird nie welche geben.“ __________________________________ …

______________ Poltergeister. ______________ Nachtgespenster, die im Kleiderschrank wohnten. ______________ Hexen mit Buckeln und Warzen wie die Witwe Wehbold. Ich wusste, was ich wusste, und ich sah, was ich sah.

Jutta Richter

1. Setze die spannenden Textteile richtig in die Lücken ein.

Snoopy ist der Beste!

Kennst du Snoopy? Sein Besitzer Charlie Brown und seine Freunde können mit ihm viel erleben.

1. Lies den Comic.

2. Doch Linus gibt nicht auf …
   Ergänze Sprech- und Denkblasen in den folgenden Bildern.

3. Warum ist Snoopy so ein ungewöhnlicher Hund? Schreibe deine Gedanken dazu auf.

Tierisch witzig!

1. Lies den Witz.

Maus und Elefant sind zusammen am Strand. Der Elefant schläft, die Maus schwimmt im Meer. Als der Elefant wach wird, ruft er ganz laut nach der Maus. „Maus, komm mal raus!“ Nach mehrmaligem Rufen kommt die Maus völlig genervt aus dem Wasser und fragt: „Was ist denn los?“ Da sagt der Elefant: „Nichts. Ich wollte nur sehen, ob du meine Badehose anhast.“

2. Mache aus dem Witz einen Comic mit Sprechblasen.

✲ Lies den Schneckenwitz und mache auf einem Blatt einen Comic daraus.

Kriecht eine Schnecke im Winter den Kirschbaum hoch.
Fragen die Vögel verwundert: „Was machst du denn da?“
Sagt die Schnecke: „Na, Kirschen essen!“ „Die sind doch noch gar nicht reif!“ „Aber wenn ich oben bin, dann schon!“

Hier kannst du ein Kunstwerk betrachten und Stichwörter aufschreiben.

Die Sternennacht

Einer der berühmtesten Maler der Welt ist **Vincent van Gogh.** Er wurde 1853 in Holland geboren und starb 1890 in Frankreich. Maler wurde er erst mit 27 Jahren. Am liebsten malte er in Frankreich. Er liebte die sonnige Landschaft. Zu Lebzeiten hatte er keinen Erfolg. Heute zählen seine Werke zu den teuersten der Welt.

Der Baum im Vordergrund sieht aus wie eine dunkle Flamme. Rechts kann man ein Städtchen mit Kirche erkennen.

Die „Sternennacht" ist eines der schönsten Bilder von van Gogh. Wenn man das Bild aus der Ferne betrachtet, sieht man vor allem die Farben Blau und Gelb. Beim Näherkommen siehst du noch andere Farben. Die Pinselstriche sind deutlich zu sehen, sie sind kurz und kräftig.

Der Baum ist eine Zypresse, die gibt es in Südfrankreich häufig. Wenn ich das Bild anschaue, stelle ich mir eine warme Sommernacht vor.

Vincent van Gogh: Die Sternennacht (1889)

Die Sterne sehen so aus, als ob sie tanzten – ob das große Gelbe der Mond sein soll? Es gibt kleine und große Sterne auf dem Bild.

1. Schau dir das Bild genau an und lies die Sprechblasen dazu.
2. Unterstreiche alle Aussagen, die das Bild beschreiben, und notiere sie als Stichwörter.

Van Goghs „Sternennacht“ beschreiben

1. Beschreibe mit deinen Stichwörtern von Seite 40 das Bild „Die Sternennacht“ in einem Text.

✲ Hier siehst du das Bild „Der Sommer“ von Caspar David Friedrich. Er lebte von 1774–1840. Kannst du dir vorstellen, warum die Leute vor 200 Jahren solche Bilder gut fanden und nicht die van Goghs? Schreibe deine Gedanken in dein Heft.

Caspar David Friedrich: Der Sommer (1807)

Wörter wie Bilder

Maler malen mit Farben, Dichter mit Wörtern.

träumen | leuchten | Sternenstaub | Sternenschimmer | Zypressen | Lichterglanz | flackern | Sternennacht | schweigen | träumen | Glanz | Himmelsblau | Ferne | schlummern | schimmern | Himmel | Sterne | Wolken | Sternengold | Sternenwirbel | Traumhimmel

1. Lies die Wortkärtchen und schreibe in die leeren Felder noch andere Wörter, die zum Bild „Die Sternennacht“ von van Gogh (Seite 40) passen.
2. Schreibe alle Wörter, die dir gut gefallen, auf Kärtchen. Ordne die Kärtchen neben- und untereinander an, bis die Zeilen wie ein Gedicht klingen. Sprich es laut und oder lies es anderen vor. Tipp: Manche Zeilen dürfen sich auch wiederholen.

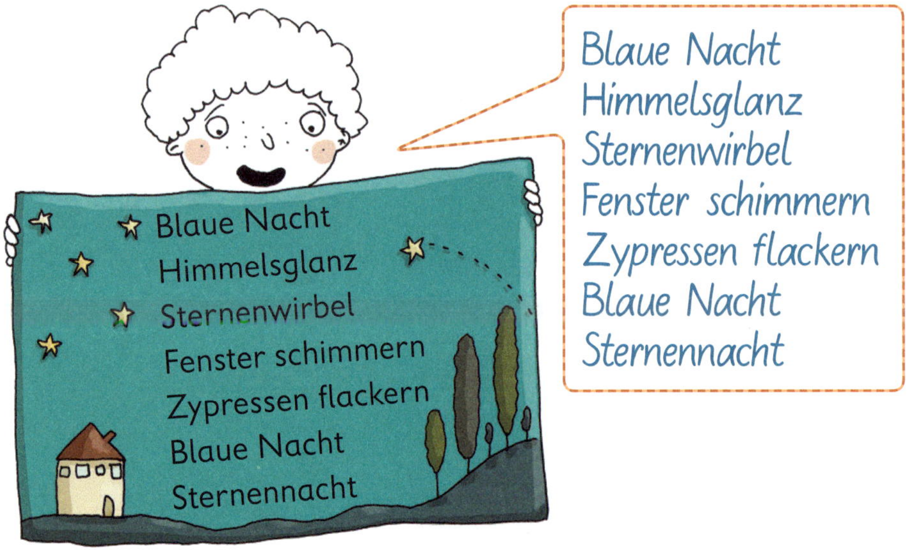

3. Wenn du mit dem Klang zufrieden bist, schreibe dein Gedicht in Schönschrift auf ein Schmuckblatt und verziere es passend.

Ein Wörtergedicht nach Bauplan

Mit deinen Lieblingswörtern von Seite 42 kannst du auch ein Gedicht nach einem festen Bauplan schreiben.

1. Lies das spanische Gedicht.
   Tipp: **Avenidas** sind Straßen, **flores** Blumen, **mujeres** Frauen und **un admirador** ist ein Bewunderer. Das **y** bedeutet **und**.

avenidas

avenidas
avenidas y flores

flores
flores y mujeres

avenidas
avenidas y mujeres

avenidas y flores y mujeres y
un admirador

Eugen Gomringer

2. Finde den Bauplan des Gedichts heraus. Wenn du gleiche Wörter immer mit derselben Farbe markierst, wird dir das nicht schwerfallen.
3. Schreibe mit den Wörtern von Seite 42 ein Gedicht mit diesem Bauplan und gestalte es auf einem Schmuckblatt.

✻ Erfinde selbst ein ähnliches Schema für ein Gedicht und schreibe ein oder zwei Beispiele damit. Lies deine Gedichte einem Kind vor und überlegt gemeinsam, ob man noch etwas ändern sollte.

Hier kannst du Gedanken zu einem Kunstwerk als Cluster aufschreiben.

Junge mit Hund – ein Bild von Pablo Picasso

Pablo Picasso (1881–1973) war ein spanischer Maler und Bildhauer und etwa 30 Jahre jünger als van Gogh. Schon zu seinen Lebzeiten war er weltberühmt und hatte viel Erfolg. Er arbeitete bis zu seinem Lebensende mit 92 Jahren.

Picasso liebte Tiere. In seinem Haus in Südfrankreich lebten Hunde, viele Katzen, Kanarienvögel, Esel, Tauben, ein Uhu und eine Ziege. Viele seiner Tiere malte er auch.

Das Bild „Junge mit Hund“ schuf Picasso im Jahr 1905.

1. Schau dir das Bild in Ruhe an.
2. Schreibe ein Cluster mit allen Gedanken, die dir zu dem Jungen einfallen.

Sich in eine Figur aus einem Bild hineinversetzen

1. Was könnte der Junge auf dem Bild links denken und fühlen?
   Schreibe Sätze in der Ich-Form in die Denkblasen.

2. Lest euch gegenseitig eure Texte vor.

✲ Schreibe eine Geschichte zu diesem Bild, indem du aus der Sicht des Jungen in der Ich-Form schreibst, was er einmal mit seinem Hund erlebt hat.

Ich kann …

- ☐ ein Bild mit Stichwörtern beschreiben
- ☐ eine Geschichte zu einem Kunstwerk erfinden und aufschreiben
- ☐ Sprechblasen in einem Comic ergänzen
- ☐ Gedanken zu einem Bild als Cluster aufschreiben
- ☐ einen Witz in einen Comic verwandeln
- ☐ stimmungsvolle Wörter für ein Gedicht ohne Reim finden
- ☐ mich in eine Figur aus einem Bild hineindenken und aus ihrer Sicht schreiben
- ☐ ein Wörtergedicht nach Bauplan schreiben
- ☐ ein Bild in einem eigenen Text beschreiben
- ☐

1. Male die Blasen aus, die auf dich zutreffen.
   Kreuze an, was dir besonders viel Spaß gemacht hat.
2. Schreibe in die leere Blase, was dir ganz besonders gut gelungen ist.
3. Schau dir das Bild von Joan Miró an. Er nannte es „Karneval des Harlekins“.
   Schreibe in Stichwörtern deine Gedanken zu dem Bild auf.

Joan Miró: Karneval des Harlekins (1924/25)

Zu einem Kunstwerk eine Geschichte schreiben

Paul Klee: Das Tor zum Hades (1921)

1. Schau dir das Bild genau an. Entdeckst du das Tor?
2. Stell dir vor, du würdest durch dieses Tor gehen. Wohin könnte es dich führen? Was könntest du dort erleben?
3. Schreibe deine Gedanken unten als Cluster auf.
4. Verbinde Ideen, die besonders gut zusammenpassen. Verwende für jeden Ideenstrang eine andere Farbe.
5. Schreibe zu einem deiner Ideenstränge eine Geschichte.

Das geheimnisvolle Tor

Hier kannst du Wörter würfeln und die Einleitung für ein Märchen schreiben.

Mit Würfelwörtern ein Märchen schreiben

	Wer?	**Wo?**	**Wann?**
	Prinzessin und Zauberer	auf einem hohen Berg	Vor langer Zeit …
	Zauberer und König	am schwarzen See	In Zeiten, als das Wünschen noch geholfen hat …
	Dieb und seine Bande	im tiefen Wald	Vor 1000 Jahren …
	sieben Zwerge und zwei Kinder	in einem Schloss	In einem eiskalten Winter …
	Hexe und Königin	in einer verfallenen Burgruine	Als der mächtige König heiraten wollte, …
	Riese und Zwerg	alte Hütte	Als es noch Zwerge und Elfen gab, …

1. Würfele aus jeder Spalte ein Beispiel und markiere es.
   Schreibe mit diesen Wörtern eine Einleitung für ein Märchen.

Hier kannst du den Hauptteil und den Schluss deines Märchens schreiben.

Und so geht es weiter …

1. Sammle hier in Stichworten Ideen für den Hauptteil und den Schluss deines Märchens.

2. Schreibe dein Märchen mit deinen Ideen weiter.
   Nutze die folgenden Tipps.

Tipps:
- Achte auf den roten Faden in deiner Geschichte!
- Verwende wörtliche Rede!
- Verwende Wörter, die dabei helfen, sich alles gut vorzustellen!
- Achte auf unterschiedliche Satzanfänge!
- Schreibe zum Schluss, wie deine Märchenfiguren sich fühlen!

3. Ergänze auf Seite 48 eine gute Überschrift.

* Lies dein Märchen einem Kind oder einer Gruppe vor. Vielleicht haben deine Zuhörer auch noch Tipps, was du überarbeiten könntest.

Hier lernst du die Gedichtform „Rondell“ kennen und kannst ein Rondell ergänzen.

Gedichte nach Bauplan: Rondelle

1. Lies die beiden Rondelle.

Frühling

Der Frühling kommt.
Krokusse blühen.
Die Sonne scheint.
Der Frühling kommt.
Die Vögel singen.
Kinder rufen.
Der Frühling kommt.
Krokusse blühen.

Herbst

Bunte Blätter fallen leise.
Äste werden kahl.
Vögel ziehen fort.
Bunte Blätter fallen leise.
Nebel legen weiche Schleier.
Sonne scheint manchmal.
Bunte Blätter fallen leise.
Äste werden kahl.

Winter

1. ★ Es ist kalt.
2. ♥ Schnee liegt in der Luft.
3. △ Die Tage sind kurz.
4. ★ ______________________
5. ▶ Bald wird es schneien.
6. ☺ Der Schlitten steht schon bereit.
7. ★ ______________________
8. ♥ ______________________

2. Schau dir die Zeichen neben den Zeilen an und ergänze die Zeilen 4, 7 und 8.

So schreibst du ein Rondell

- Schreibe in Zeile **1** einen Satz zum Thema, der dir gut gefällt.
- Schreibe diesen Satz auch in die Zeilen **4** und **7.**
- Schreibe einen neuen passenden Satz in Zeile **2.**
- Schreibe diesen Satz auch in Zeile **8.**
- Ergänze nun mit weiteren Gedanken und Einfällen die Zeilen **3, 5** und **6.**

Hier kannst du ein eigenes Rondell schreiben.

Ein Sommer-Rondell

1. Schreibe mit der Anleitung von Seite 50 ein Rondell über den Sommer.

Sommer

2. Lies dein Rondell laut.
   Prüfe:
   - Klingt dein Rondell schön?
   - Enthält es gute Einfälle und Gedanken?
   - Stimmt der Bauplan?
3. Verziere die Überschrift und male den Schmuckrahmen weiter.

* Schreibe ein Rondell zu einem eigenen Thema, z.B. zu einem Tier (Mein Hund).

Wetterregeln mit Sinn und Unsinn

Es gibt viele alte Wetterregeln, die für die Menschen früher eine Hilfe sein konnten.

Ja, ich kenne eine Wetterregel:
Ist der Januar hell und weiß,
wird der Sommer sicher heiß.

Oder:
Wenn es warm ist im Advent,
der Roggen auf dem Feld verbrennt.

Man kann aber auch lustige Wetterregeln erfinden, wie die folgenden Beispiele zeigen.

1. Lies die folgenden witzigen Wetterregeln und unterstreiche die Reimwörter.

Im **Januar** beginnt das Jahr,
das ist den meisten sonnenklar.

Ist es im **Februar** kalt und nass,
füllt sich schnell das Regenfass.

Kommt im **März** der Weihnachtsmann,
hat er sich garantiert vertan.

Kräht im **April** der Hahn auf dem Mist,
ändert sich das Wetter oder es bleibt wie es ist.

Pupst der Igel laut im **Mai,**
ist der Winterschlaf vorbei.

2. Finde Reimwörter zu diesen Wörtern und schreibe eigene Reimwortpaare auf.

Sturm	Wind	Land	______
______	______	______	______
Reh	dumm	mild	______
______	______	______	______

Hier kannst du eigene witzige Wetterregeln erfinden.

Meine Wetterregeln

1. Schreibe mit den Reimwörtern von Seite 52 eigene witzige Wetterregeln auf.
   Tipp: Du kannst mit dem Juni weitermachen, wenn du möchtest.

*️ Gestalte eine deiner Wetterregeln auf einem gesonderten Blatt mit einem besonders schön verzierten Anfangsbuchstaben.

Was ist dir gut gelungen?/ Eine Geschichte mit bestimmten Wörtern schreiben

- zu Würfelwörtern die Einleitung für ein Märchen schreiben
- Ideen für den Hauptteil und den Schluss eines eigenen Märchens sammeln
- den Hauptteil und Schluss eines eigenen Märchens schreiben
- den Bauplan eines Rondells herausfinden
- ein eigenes Rondell schreiben und gestalten
- Reimwortpaare für Wetterregeln finden
- mit Reimwortpaaren eigene Wetterregeln schreiben und diese mit einem schönen Anfangsbuchstaben gestalten

1. Was ist dir gut gelungen, was weniger gut? Male die passenden Smileys an.
2. Suche dir eine der folgenden Wortgruppen aus und schreibe dazu eine Geschichte.

Mitternacht Löwe Clown

Geisterbahn Zwillinge Hasenstall

Bienenschwarm kleiner Prinz Brunnen

Gespenst Tomatensuppe Fieberthermometer

Taxifahrer Feuerwehr Bauernhof

Ein Rondell vervollständigen/ein eigenes Rondell schreiben

1. Vervollständige das Rondell passend und gestalte den Rand mit kleinen Zeichnungen.
   Tipp: Den Bauplan eines Rondells kannst du auf Seite 50 nachlesen!

Sommer in unserem Garten

Es ist so sonnig und warm!

Vögel zwitschern in den Bäumen.

Schmetterlinge flattern von Blüte zu Blüte.

____

Der Wind streicht angenehm über die Haut.

Kleine weiße Wolken ziehen ruhig am Himmel.

____

____

2. Schreibe ein Rondell zum Thema Ferien.

____

____

____

____

____

____

____

____

____

Kennst du das Buch „Rennschwein Rudi Rüssel“?

Zuppi, ein 8-jähriger Junge, gewinnt bei einer Verlosung ein kleines Ferkel. Zuppi nimmt es mit nach Hause. Zuppi möchte das Tier natürlich sehr gern behalten. Zuppi nennt sein Ferkel Rudi Rüssel. Zuppis Eltern möchten das Ferkel leider nicht in der Wohnung halten. Zuppi ist darüber sehr traurig. Zuppi möchte seine Eltern am liebsten umstimmen.

Mit unterschiedlichen Satzanfängen kannst du deinen Text abwechslungsreich gestalten.

1. Lies den Text und unterstreiche die Satzanfänge.
2. Schreibe den Text ab und ersetze dort, wo es sinnvoll ist, die Nomen durch Pronomen (er, sie, es …).
   Tipp: Achte darauf, dass die Pronomen nicht immer am Satzanfang stehen!

So geht es im Buch weiter

Lea hat über den Inhalt des Buches „Rennschwein Rudi Rüssel“ einige Sätze geschrieben. So klingen sie aber nicht gut!

1. Verbinde immer zwei Sätze. Die Wörter denn, als, nachdem, weil, damit können dir helfen.

Rudi wird schließlich zu einem tollen Haustier. Rudi beißt sogar Einbrecher.

Rudi wird schließlich zu einem tollen Haustier, denn er

Der Vermieter entdeckt jedoch das Schwein. Der Vermieter droht mit einer Kündigung.

Die Familie fährt aufs Land. Sie suchen einen Bauernhof für Rudi.

Zuppi ist zufrieden. Sie finden einen guten Bauernhof.

Es wird noch ganz spannend. Rudi wird nämlich zum Schlachten verkauft.

Die Familie will Rudi retten. Er soll nicht geschlachtet werden!

* Stelle ein Lieblingsbuch vor. Achte darauf, Sätze mit weil, denn, als, nachdem oder damit zu verbinden.

Der Rattenfänger von Hameln

Im Jahr 1284 ließ sich zu Hameln ein wunderlicher Mann sehen.
Er hatte einen Rock von vielfarbigem Tuch an
und trug eine Flöte bei sich.

Der seltsame Mann stellte sich vor.

Er versprach, den Bürgern zu helfen.

Die Bürger versprachen ihm einen angemessenen Lohn.

Du sollst einen guten Lohn erhalten, wenn du uns von der Rattenplage befreit hast!

Ich bin Gaukler und Rattenfänger von Beruf.

Wenn ihr mich anständig bezahlt, werde ich eure Stadt von der Rattenplage befreien.

1. Male jede Sprechblase in der gleichen Farbe an wie die zugehörige Textzeile.
2. Schreibe die markierten Textstellen neu, indem du die wörtliche Rede aus einer Sprechblase einfügst.

Der seltsame Mann stellte sich vor und sagte:

Die Bürger von Hameln waren stur

Nachdem die Bürger von der Rattenplage befreit waren, wollten sie nicht bezahlen.

Wir haben ihm viel zu schnell etwas versprochen.

Ihr müsst mir den versprochenen Lohn zahlen!

Das werdet ihr bereuen!

Er hat uns listig überredet, ihm so viel Geld zu geben.

Vielleicht wollte er uns betrügen!

Ich habe die Stadt von den Ratten befreit!

1. Lies die Sprechblasen. Finde heraus, was der Rattenfänger und was die Leute sagen, und male die Blasen in unterschiedlichen Farben an.
2. Schreibe das Gespräch auf. Nutze für die Begleitsätze z. B. folgende Verben: vermuten, schimpfen, beschweren, jammern, verlangen, fordern, erklären, betonen.

Der Rattenfänger erklärte: „Ich habe

* Finde heraus, wie die Sage ausgeht, und schreibe das Ende auf.

Justins Geschichte

Das rote Pferd

An einem sonnigen Nachmittag saß ich auf einer bunten Sommerwiese.
Da stand plötzlich ein rotes Pferd vor mir. „Steig auf meinen Rücken", sagte das Pferd. Ja, gut. Wir ritten bis in die Nacht. An einem Fluss warf das rote Pferd mich ab. Ich saß am Ufer und sah in meinen Händen drei rote Pferdehaare.
Ich warf eines ins Wasser und wünschte mir etwas zu essen. Mit dem zweiten Haar wünschte ich mir etwas anderes.
Mit dem dritten Haar wünschte ich mir, dass ich zaubern könnte.
Da stand das rote Pferd wieder vor mir.
Das rote Pferd trug mich zur Insel der roten Zauberpferde.

Justin

1. Lies die Geschichte und markiere Textstellen, die dir gut gefallen, grün. Markiere Textstellen rot, die dir nicht so gut gefallen.

2. Schreibe eigene Gedanken und Vorschläge zum Text in die Tabelle.

Das hat mir gut gefallen.	Fragen und Vorschläge
das rote Pferd – das ist eine schöne Idee	Wo war das rote Pferd, nachdem es dich abgeworfen hatte?

So würde ich es schreiben

1. Schreibe den verbesserten Text von Seite 60 auf.

* Schreibe ein passendes Ende der Geschichte.

Besuch im Museum

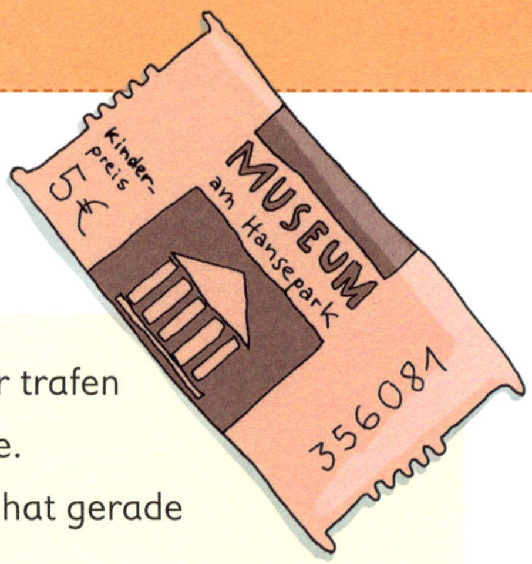

1. Lies Tinas Bericht über einen Museumsbesuch.

Ich fand es super im Museum am Hansepark! Um 8 Uhr trafen wir uns am Parkplatz, wo der Bus schon auf uns wartete. Ich hatte schon Angst, dass ich zu spät komme, aber es hat gerade noch geklappt.
Im Museum begrüßte uns die Führerin, Frau Lope. Sie zeigte uns die einzelnen Räume des Museums. Früher hatten sie keinen Herd in der Küche. Früher hatten die Menschen eine große Feuerstelle. Früher hing dort an einer Eisenkette ein Kessel, damit wurde gekocht. In der Küche wird auch gesponnen. Dabei musste die Wolle durch einen großen Eisenkamm gezogen werden. Dann wird die Wolle zu einem Faden verdreht.
Zwischendrin hat Lisa mich total geärgert. Sie hat mich dauernd in den Arm gezwickt. Das nervt! Früher wurde die Butter in einem Butterfass auch von Hand hergestellt. Ich esse gern Butter!
Mittags machen wir ein Picknick im Hansepark. Um 13.30 Uhr fahren wir wieder nach Hause. Ich war total müde, als ich im Bus saß, und meine Füße taten mir ziemlich weh. Ich finde, so einen Ausflug sollten wir bald wieder einmal machen. Es war toll!
Tina

2. Markiere die Stellen im Text, auf die sich die Überarbeitungstipps beziehen.

Überarbeitungstipps:

1. Streiche die Sätze, die nicht in einen Bericht gehören.
2. Achte auf unterschiedliche Satzanfänge.
3. Schreibe alle Sätze in der Vergangenheit.
4. Füge am Anfang ein, wer im Museum war.
5. Füge das Datum ein.
6. Finde eine passende Überschrift.

So würde ich den Bericht schreiben

1. Schreibe den Bericht von Seite 62 überarbeitet auf. Beachte dabei die Tipps.

✲ Schreibe einen Bericht über ein Ereignis deiner Wahl.

Hier lernst du, wie du Texte überarbeiten kannst.

Texte überarbeiten

Es ist wichtig, eigene Texte zu überprüfen.
Man kann beim Lesen aber nicht gleichzeitig auf alle Punkte achten, deshalb sollte man nacheinander vorgehen.

1. Lies die folgenden Überarbeitungstipps.

1. Zum Verständnis

- Lies deinen Text laut und prüfe: Klingt er gut?
- Kann man alles verstehen?
- Wo musst du etwas genauer schreiben?
- Unterstreiche Stellen, die du neu schreiben willst.
- Füge ein X ein, wo du noch Text ergänzen willst.

2. Zum Ausdruck

- Gibt es passende unterschiedliche Satzanfänge?
- Wird die Zeitstufe eingehalten?
- Sind treffende Verben und Adjektive enthalten?
- Gibt es interessante Wörter?
- Gibt es wörtliche Rede?

3. Zur Rechtschreibung

- Lies langsam Wort für Wort.
- Prüfe, ob Nomen und Satzanfänge großgeschrieben sind.
- Prüfe und setze Satzschlusszeichen.
- Streiche falsche Wörter durch und schreibe sie unter dem Text richtig auf.
- Schlage schwierige Wörter im Wörterbuch nach.

Liam stellt sein Lieblingsbuch vor

Textentwurf (Achtung, Fehler!)

Mein Buch heißt „Das Geheimnis des Roten Ritters“. Mein Buch erzählte von einem abenteuer aus dem Mittelalter: Über tausend Gäste wollen zu dem großen Hoffest nach Mainz. Die Söhne von Kaiser Barbarossa sollen zu Rittern geschlagen werden.
Die Zwillinge Hagen und Johann wollen auch hin. Sie machen sich auf den Weg und erleben etwas.

Mein Buch hatte 16 Kapitel. Zwischen den kapiteln gibt es immer andere seiten. Man erfährt hier etwas über das Leben im Mittelalter, zum Beispiel:

Wer kleidet sich wie?,
Das Leben auf dem Markt,
Wie benimmt man sich anständig?,
Was machen die Ritter beim Turnier?
und noch viele interessante Themen.

Überarbeitung

Mein Buch heißt „Das Geheimnis des Roten Ritters“. Es erzählt von einem Abenteuer aus dem Mittelalter: Über tausend Gäste wollen zu dem großen Hoffest nach Mainz, denn die Söhne von Kaiser Barbarossa sollen zu Rittern geschlagen werden.
Die Zwillinge Hagen und Johann wollen das unbedingt miterleben. Sie machen sich heimlich auf den Weg und geraten in ein gefährliches Abenteuer.
Mehr will ich nicht verraten!

Mein Buch hat 16 Kapitel. Zwischen den Kapiteln gibt es immer Seiten, die kleine Sachtexte enthalten. Man erfährt hier etwas über das Leben im Mittelalter, zum Beispiel:

Wer kleidet sich wie?,
Das Leben auf dem Markt,
Wie benimmt man sich anständig?,
Was machen die Ritter beim Turnier?
und noch viele interessante Themen.
Lesen kann wirklich spannend sein!

1. Lies beide Texte.
2. Welche Tipps hat Liam beim Überarbeiten beachtet? Unterstreiche oder übermale die Stellen im zweiten Text in den angegebenen Farben.

Achte auf die Großschreibung der Nomen!
Bleibe in der gewählten Zeit!
Suche einen anderen Satzanfang!
Verwende interessante Wörter!
Füge Einzelheiten ein!

Wörtliche Rede verwenden/Sätze verbinden

1. Lies die Sprechblasen und mache ein Gespräch mit wörtlicher Rede daraus.

Klara fragt Pedro: ______________________________

____

____

____

____

____

____

2. Verbinde immer zwei Sätze mit als, nachdem, weil oder damit.

Klara verabredet sich mit Pedro. Sie hat die Hausaufgaben fertig.

____

____

Pedro sagt nicht direkt zu. Er muss erst seine Mutter fragen.

____

____

Sie fahren beide doch nicht zum See. Ein Gewitter kommt auf.

____

____

 wörtliche Rede mit Redebegleitsätzen schreiben, Satzgefüge bilden

Einen Bericht überprüfen

wir haben zusammen eine Bäckerei besucht. Der Bäcker, Herr Ulding, hat uns die Backstube gezeigt. Der Bäcker hat uns auch die Maschinen erklärt. Der Bäcker hat auch noch einige Mitarbeiter, weil er sehr viel zu tun hat. schon um 4 Uhr in der Nacht beginnt für ihn die Arbeit. Er stellt ganz unterschiedliche Sachen her, zum Beispiel brote und Brötchen, Hörnchen oder Kuchen. Jeder bekam zum Abschied was zum Essen. Ich mochte die nicht, weil da zu viel Zucker drauf war.

Nina

1. Lies den Text dreimal gründlich durch.
2. Kannst du alles gut verstehen? Welche Verständnistipps kannst du Nina geben?
3. Unterstreiche Stellen, die Nina schöner ausdrücken könnte.
4. Welcher Satz passt nicht in einen Bericht? Streiche ihn durch.
5. Markiere und korrigiere die Rechtschreibfehler im Text.
6. Ergänze eine passende Überschrift.

Was kann ich für ein Erinnerungsbuch schreiben?

Am Ende der Klasse 4 kannst du dich sicher an viele Erlebnisse aus deiner Grundschulzeit erinnern. Diese kannst du zusammen mit den anderen Kindern in einem Erinnerungsbuch zusammenfassen.

Hier sind Ideen für Texte in einem Erinnerungsbuch.

Erstelle mit deinen Mitschülern einen Seitenverteilungsplan, auf dem ihr festlegt, wer zu welchem Thema Seiten erstellen möchte.

Interviews mit der Schulleitung oder den Lehrkräften

Steckbriefe der Kinder und Lehrkräfte

Unsere Lieblingsbücher

Lustige Witze

Eigene Gedichte oder Geschichten

Berichte über besondere Ereignisse
- Der erste Schultag
- Unsere Klassenfahrt nach …
- Ein tolles Projekt
- Fahrradprüfung
- Besuch beim …

Besondere Talente in unserer Klasse

Rezepte

Wünsche für die Zukunft

1. Überlege, welchen Beitrag du schreiben könntest, und sammele Stichwörter dazu auf einem Stichwortzettel.

zu Texten für ein Erinnerungsbuch angeregt werden, sich für eigene Beiträge entscheiden

Hier findest du Tipps, wie du eine Seite für ein Erinnerungsbuch gestalten kannst.

Eine Seite für ein Erinnerungsbuch gestalten

1. Schritt

- ausgewählten Text in Abschnitte gliedern
- interessante Überschrift ausdenken
- Bilder zum Text zeichnen oder Fotos auswählen

2. Schritt

- Linien ziehen oder Linienblatt verwenden
- Text mit ordentlicher Schrift abschreiben
- Überschrift besonders gestalten oder unterstreichen

3. Schritt

- durch Legen ausprobieren, wie Fotos, Zeichnungen und Text angeordnet werden sollen, erst danach aufkleben
- Seite eventuell weiter ausschmücken, z.B. den Rand oder freie Stellen

1. Wähle einen eigenen Text aus und gestalte ihn mit den Vorschlägen dieser Seite.

Einen Text mit dem Computer gestalten

Du kannst eigene Texte natürlich auch mit dem Computer schreiben. Sie sehen dann besonders ordentlich aus und sind gut lesbar. Tippe deine Texte nicht einfach nur ab, sondern arbeite auch hier mit Absätzen, verschiedenen Schriftgrößen, Unterstreichungen oder Fettdruck.

Zuerst schreibe ich meinem Text ab und **kontrolliere die Rechtschreibung**.

Dann wähle ich **Schriftart und Schriftgröße** aus. Achtung: Nicht zu viele verschiedene Schriften benutzen!

Ich gliedere meinen Text in **Absätze,** so ist er besser lesbar.

Möglichst schon zwischendurch, aber spätestens zum Schluss **speichere** ich meinen Text.

Mit dem Kopf ins 3. Stockwerk

Im dritten Schuljahr besuchten wir mit unserer Parallelklasse die **Giga-saurier-Ausstellung** in Frankfurt.

In einem sehr großen Zelt konnten wir Skelette, Modelle und Rekonstruktionen von riesigen Dinosauriern aus Argentinien anschauen. So sahen wir zum Beispiel den **Argentinosaurus,** der bis zu 40 m lang wurde und 80.000 kg wog. Er hätte mit seinem Kopf in ein Fenster im 3. oder 4. Stock eines Wohnhauses gucken können, erklärte unsere Führerin.

Nach dem Besuch der Ausstellung nahmen wir noch an einem **Workshop** teil, in dem wir Dino-Fußabdrücke genau untersuchten. Mit Fußstempeln druckten wir dann kleine Saurier-Geschichten in Modelliermasse (z.B. Jäger verfolgt Gejagten).

Die Modelle durften wir mit nach Hause nehmen, wo wir noch passende Geschichten dazu schrieben.

Anna-Lisa

Die **Überschrift** schreibe ich zum Beispiel **etwas größer.** Danach folgt eine Leerzeile.

Einzelne Wörter kann ich **fett** oder *kursiv* hervorheben.

Ein **Foto** oder eine **Zeichnung** kann ich mit dem Computer **ein-fügen** oder nach dem Ausdrucken aufkleben.

1. Schreibe einen eigenen Text am Computer und gestalte ihn mit diesen Tipps.

Anregungen zur Textgestaltung mit dem Computer lesen und an einem eigenen Text erproben

Hier sind Tipps, wie du mit einem Team ein Erinnerungsbuch fertigstellen kannst.

Ein Erinnerungsbuch produzieren

Aus den verschiedenen Beiträgen könnt ihr nun ein gemeinsames Erinnerungsbuch herstellen. Diese Tipps helfen euch dabei.

1. Sortiert eure Beiträge nach Themen!

2. Nummeriert alle Seiten!

3. Verfasst ein Impressum und fügt es als letzte Seite dem Buch hinzu! (Oft steht ein Impressum auch auf der inneren Umschlagseite vorn oder hinten.)

Impressum
Herausgeber: Klasse 4
der Grundschule am Seeweg

Redaktion: Silke Paul, Leo Moll, Niko Heidel, Dorina Mecklis, Jano Trutmas
Deckblatt: Mona List
Sport: Louis Kuschka
Interviews: Emma Trost
Fotos: Emil Lösche
Illustrationen: Eva Arnold
Beratung: Frau Möller und Herr Witzel

4. Gestaltet anschließend ein schönes Deckblatt! Achtet darauf, dass es sich gut kopieren lässt!

5. Kopiert oder druckt die Seiten in der gewünschten Zahl!

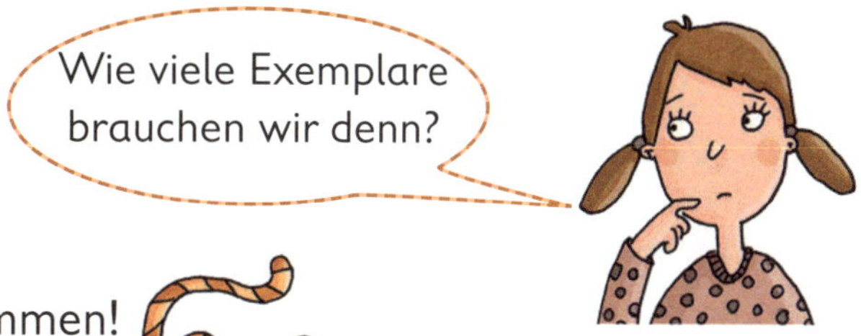

6. Heftet oder bindet die Seiten zusammen!

1. Stellt eure Beiträge gemeinsam nach den Vorschlägen dieser Seite zu einem Erinnerungsbuch zusammen.

Schreibtrainer 4

Texte planen, schreiben, überarbeiten und präsentieren – Bildungsstandards erreichen

Erarbeitet von
Christine Berthold
Gisela Dorst
Sabine Krönert

Redaktion: Martina Schramm
Illustration: Stefanie Jeschke
Umschlaggestaltung: Klein & Halm Grafikdesign, Berlin
Layout und technische Umsetzung: Marina Goldberg

Bildquellen

S. 36 Jutta Richter: Der Tag, als ich lernte die Spinnen zu zähmen. Reihe Hanser, dtv, München 2011.
S. 38 Charles M. Schulz: Snoopy ist der Beste. Aus dem Englischen von Matthias Wieland. Carlsen Verlag, Hamburg 2010; © Peanuts Worldwide LLC/Distr. Universal Uclick/Distr. Bulls.
S. 40 Vincent van Gogh: Die Sternennacht (Zypressen und Dorf), Saint-Remy, Juni 1889. Museum of Modern Art, New York. Foto: akg-images, Berlin.
S. 41 Caspar David Friedrich: Der Sommer, 1807. Neue Pinakothek, München. Foto: akg-images, Berlin.
S. 44 Pablo Picasso: Knabe mit Hund, 1905. Staatliche Ermitage, St. Petersburg. Foto: akg-images. © Pablo Picasso/VG Bild-Kunst, Bonn.
S. 46 Joan Miró: Le Carnaval d'Arlequin (Der Karneval des Harlekins), 1924/25. Albright-Knox Art Gallery, Buffalo, New York. Foto: akg-images/Nimatallah. © Joan Miró/VG Bild-Kunst, Bonn.
S. 47 Paul Klee: Das Tor zum Hades, 1921. The Blue Four Galka Scheyer Collection, Norton Simon Foundation, Pasadena. Foto: akg-images, Berlin.

Textquellen

S. 26 und 29 Astrid Lindgren: Ronja Räubertochter. Deutsch von Anna-Liese Kornitzky. Verlag Friedrich Oetinger, Hamburg 1982.
S. 36 und 37 Jutta Richter: Die Kellerkatze. Aus: Der Tag, als ich lernte die Spinnen zu zähmen. Carl Hanser Verlag, München 2000.
S. 43 Eugen Gomringer: avenidas. Aus: konstellationen, ideogramme, stundenbuch. Reclam Verlag, Stuttgart 1977.

www.cornelsen.de

1. Auflage, 1. Druck 2011

Druck: Himmer AG, Augsburg

ISBN 978-3-06-083129-6

Inhalt gedruckt auf säurefreiem Papier aus nachhaltiger Forstwirtschaft.